CÓMO MINAR CRIPTOMONEDAS PASO A PASO

Contenido

Lo más básico para iniciar dentro de la minería de criptomonedas 4

Cómo se mina 7

Consideraciones básicas de la minería 9

Los aspectos sobre la rentabilidad de la minería de criptomonedas 10

Las calculadoras de rentabilidad que puedes usar 14

Los algoritmos usados por la minería 17

Los requisitos para llevar a cabo la minería de criptomonedas 20

Los intereses devengados por las criptomonedas 26

Los requisitos para minar criptomonedas que emplean PoS 27

Cómo elegir la criptomoneda para minar 28

Todo sobre un pool de minería 30

La forma de pago de los pools 33

El papel de los mineros web 34

Lo que representa la minería en la nube 36

La minería de criptomonedas desde un Mac 37

La minería en Ethereum por medio de Ubuntu Linux 38

Cómo minar Litecoin 45

Aprende a minar Monero por medio del computador 51

Descubre cómo minar Zcash 60

Minería vs inversión; las consideraciones al empezar 65

Los hardwares mínimos para minar Zcash y Ethereum 73

La mejor GPU para minar Ethereum 78

Las facilidades actuales para minar Bitcoin 81

El mejor software para ejercer la minería de Ethereum 83

Frecuentemente la minería de criptomonedas se volvió un tema popular en la actualidad, pero a su vez existen dudas sobre su rentabilidad y legalidad, pero para llegar a esas respuestas se debe determinar que significa una actividad que contribuye una serie de procesos que ayudan a validar las transacciones provenientes de una criptomoneda.

Específicamente la función del minero se concentra en la resolución de acertijos, para ello se implementas equipos especiales que demandan ciertas consideraciones de consumo, como lo es el internet y la electricidad, esto depende de la criptomoneda porque no todas funcionan de la misma manera.

Lo más básico para iniciar dentro de la minería de criptomonedas

La minería de criptomonedas es una actividad que necesitas plantearte con mucha sabiduría, sobre todo porque con información es más sencillo atreverse, tomando en cuenta además si resulta una actividad rentable o no en tu situación, porque esta medida depende de diferentes factores.

El cálculo de rentabilidad de la minería de criptomonedas, conlleva análisis de cómo piensas operar, pero se pueden emplear herramientas que ayudan a conocer si se trata de una medida rentable, estos cálculos los puedes realizar de manera personalizada, pero no se pueden tomar como un resultado 100% efectivo.

Sin embargo por medio de las calculadoras de criptomonedas, funcionan como una ayuda para tener claro algunos criterios pero para llegar a ese punto, lo primero es conocer todos los aspectos básicos con los que se tiene contacto durante la minería, donde resaltan los siguientes aspectos:

- **Criptomonedas**

El activo principal que genera la minería son las criptomonedas, estas son monedas virtuales que se han transformado en un medio de pago virtual favorito, gracias a que se trata de activos digitales que no son tangibles, porque se movilizan por medio de transferencias cifradas que se pueden extender hasta comercios o negocios.

Una cualidad de estos activos es que se denomina como una unidad autorregulada, porque no hay institución que intervenga sobre su control, causando que su valor no se modifique, sino que este cambia en base de los movimientos de los propios usuarios a medida que realicen los intercambios Peer to Peer.

Ese control o poder de estos activos, no sólo reside sobre los usuarios P2P, sino que la minería contribuye sobre la creación de las criptomonedas, este tipo de dinámica cambia según el tipo de criptomonedas, y a medida que se participe sobre este proceso se originan las recompensas para los mineros, que significa percibir unidades de esas monedas virtuales.

- **Confiabilidad y legalidad**

Definitivamente la minería de criptomonedas es legal e impone seguridad, pero se deben aplicar algunas previsiones para que no surjan problemas, una de las medidas más obligatorias es cuidar la creación de una clave privada para que tus fondos no corran riesgos, en caso de usarla se debe tener cuidado.

A esto se suma la diversidad de criptomonedas existentes, porque el número cada día crece y la rentabilidad varía para cada una, esto se debe tomar en cuenta durante la estimación de rentabilidad pero también al decidir sobre un activo y otro, los más populares son Litecoin, Ether, Dash, Ripple, Monero otras que puedan ser de tu agrado.

Del mismo modo, el tipo de hardware que selecciones para minar tiene un peso importante, por eso se trata de un conjunto de factores que intervienen en cada decisión, pero en el mercado también luce la opción de Dogecoin, BitTorrent, HUSD, Stellar, TRON, Polkadot, Cardano, NEO, Dai, IOTA, y muchas más.

- **Minar**

La acción de minar se basa en crear criptomonedas a medida que se van ganando u obteniendo, este tipo de recompensa se presenta durante un proceso exitoso, pero genera que no haga falta comprar las criptomonedas, sino obtener la mayor cantidad posible de recompensas.

Cómo se mina

Para emprender la minería de las criptomonedas, se requiere implementar la resolución de cálculos matemáticos por medio de la ayuda de la potencia informática, esto quiere decir que el usuario presta el equipo al funcionamiento de las redes P2P para cumplir con los cálculos que van surgiendo, de ese modo se procesan las transacciones.

Es decir que la transacción se lleva a cabo con cálculos matemáticos ejercidos por medio de ordenadores que se mantienen funcionando por 24 horas al día, todos los días para producir un consumo constante, por eso no se trata de una actividad que puedas realizar por medio de un ordenador de uso básico o doméstico.

Un minado requiere de potencia y al mismo tiempo un buen nivel de rendimiento, de ese modo el proceso se puede hacer realidad, así que es un sinónimo de que se requiere inversión, para obtener equipos ASIC; Circuito de Aplicación Específica, los cuales se crean especialmente para llevar a cabo la minería con un poder llamativo.

El minado se puede ejercer de forma conjunta por medio de pool o cooperativa, donde la mayoría de los miembros trabaja unido para recibir recompensas, porque se junta un mayor nivel de potencia, y a su vez se pueden resolver un bloque para conseguir alcanzar el objetivo planteado, esta no es otro tipo de minería sino una agrupación.

Los ordenadores que trabajan juntos para conseguir recompensas, se pueden dividir las ganancias obtenidas por medio de diferentes modalidades, pero no es una modalidad obligatoria para ejercer la minería ni mucho menos.

Consideraciones básicas de la minería

Empezar a llevar a cabo la minería no se trata de un paso simple, sino que se debe llevar a cabo todo un procedimiento previo, de ese modo es posible reunir un equipo factible, esto va más allá de la simple elección del ordenador, sino que depende del tipo de equipo y el coste que representa su obtención.

De igual forma otro factor que es vital tomar en cuenta es la competencia que pueda haber durante ese momento en el cual te dispones a minar, sin olvidar el gasto que representa el consumo eléctrico porque son dispositivos que estarán conectados durante 24 horas, por eso van a requerir de refrigeración para evitar la sobrecarga de aparatos.

A medida que estos factores posean influencia sobre el minado, no se puede dejar a un lado la rentabilidad que produzca la criptomoneda en ese momento, por este motivo la minería de criptomonedas cambia según el tipo de activo que hayas seleccionado para poner en marcha esta actividad.

Los aspectos sobre la rentabilidad de la minería de criptomonedas

La rentabilidad de la minería de criptomonedas es complejo de determinar o establecer, porque siempre varía en cada caso o situación, sobre todo en el momento en el cual se produzca el ingreso sobre esa criptomoneda, adicionalmente del valor que posee la electricidad, y el hardware de minería según el país sobre el cual se realice esta inversión.

Todas estas variables son cruciales para establecer la rentabilidad, pero a esto se suma la cantidad que se esté dispuesto a invertir, todo esto se puede simplificar en el uso de calculadoras específicas que resumen esta tarea, para que al llenar algunos datos de estas variables se pueda aproximar un número un poco más exacto.

Una visión más realista acerca de esta actividad, es lo que va a permitir que sea evaluado hasta reconocer si vale la pena o no, sobre todo por lo que se debe invertir como lo es la electricidad, refrigeración, equipos y también la contraseña, esto a su vez se resuelve al determinar el tipo de criptomoneda que deseas minar.

No siempre se va a obtener la misma rentabilidad de una criptomoneda u otra, mucho menos en momentos diferentes, porque todo cambia cada día, por eso todos estos detalles se necesitan para realizar un cálculo preciso, esto lo puedes introducir sobre una herramienta que estudia ese tipo de información para que te puedas decidir.

Para usar estas calculadoras que se encuentran en línea sólo debes ir añadiendo datos confiables, para ir reconociendo la rentabilidad de estos pasos o actividad, además si en tu país o entorno el costo de energía es insignificante puedes sacar más ganancias al momento de realizar este tipo de actividad, los aspectos que influyen son los siguientes:

1. **Hash rate**

Es una de las medidas más importantes, porque se trata de la unidad para medir la potencia en la cual se procesan las criptomonedas, se ubica dentro de uno de los aspectos básicos para reconocer la cantidad de operaciones computacionales que se pueden realizar desde el equipo, para conocer esto puedes investigar en línea el modelo de tu equipo.

2. **Cantidad de consumo eléctrico**

La cantidad eléctrica se conoce como lo que demanda el equipo que emplees para realizar la minería, esto desde primera instancia demanda que sea una actividad que no se pueda llevar a cabo desde un portátil o una Tablet, sino que se trata de ordenadores que cumplan con un nivel de potencia óptimo.

Por otro lado, se debe cuidar sobre los equipos de minería que no caigan en un sobrecalentamiento, por eso es vital pensar en la inclusión de un aire acondicionado sobre el lugar para que el estado de la estancia no sea caluroso y perjudicial sobre los equipos.

3. Costo de la electricidad

En base de la tarifa de los servicios eléctricos contratados del lugar donde vas a minar, puedes realizar un cálculo sobre el consumo, e incluso considerar si fuera oportuno realizar un cambio de lugar, porque la minería representa un funcionamiento constante, esto representa un pago constante que está sujeto a cambios de precios y a la rentabilidad de la criptomoneda.

4. Coste del hardware

El hardware una vez que se adquiere, representa un costo de una sola ocasión, pero no se puede pasar por alto que en el trascurso de la minería puede hacer falta comprar mejores equipos, o que hayas realizado la compra de equipos regulares y luego la propia exigencia de la minería te empuje a elevar el nivel de los aparatos.

5. Tarifa de la Pool

Estar en una pool es una elección que puede ser conveniente para muchos, pero que requiere la cobertura de una tarifa de ingreso o el porcentaje que debes pagar, este tipo de datos muchas veces se omite.

6. Comisión del software

El costo que forma parte de la comisión del software se compone por una medida a tomar en cuenta, para que la comparativa o las calculadoras puedan arrojar un índice de rentabilidad.

A medida que se puedan ingresar estos datos sobre la calculadora, se sigue de cerca el valor de la criptomoneda, además del nivel de dificultad que hay detrás de la criptomoneda, para tener esto en cuenta al momento de pensar en las recompensas, estos valores de igual forma poseen otras opciones para que sea una actividad rentable.

La mayor ventaja de la minería se concentra sobre el tipo de criptomoneda que elijas para minar, por eso el valor de estos activos se debe medir en tiempo real, para seguir el precio y el tipo de fluctuaciones que existen detrás de la moneda virtual, esto es asumido por parte de las calculadoras digitales para tomar la mejor decisión.

Las calculadoras de rentabilidad que puedes usar

La cantidad de calculadoras para medir la rentabilidad varia por completo, pero las funciones son genéricas para la mayoría, lo importante es definir los datos que piden las casillas para que los resultados puedan ayudarte a tener una visión clara, pero algunas pueden omitir el cálculo del valor del software u otro valor similar.

Pero el funcionamiento de esta clase de calculadoras es similar, por eso puedes usar la que te parezca más sencilla de emplear, siguen siendo la mejor vía para seguir de cerca la rentabilidad en tiempo real, hasta optar por la criptomoneda que esté proporcionando mejores bonificaciones, y considerar la que mayor complicación posee para minar.

Las herramientas más usadas para medir la rentabilidad de la minería son las siguientes:

- **CoinWarz**

Se postula como una de las herramientas más simples, porque puedes elegir el tipo de algoritmo que desees, para luego ir llenando los apartados que surgen sobre la calculadora, adicionalmente a este cálculo también se encarga de mostrar las mejores criptomonedas para seguir esa movilidad de rentabilidad en la actualidad.

En la selección de monedas puedes presionar para obtener todo un gráfico, sobre el cual puedes añadir datos que arrojen el nivel de rentabilidad y los beneficios que generan las criptomonedas desde sus ventajas, recompensas y sobre todo los costos, todo esto puede ser medido de manera simple.

La consulta de criptomonedas se encuentra disponible, para tener acceso a datos como Litecoin, Ethereum, Dash, Zcash, Monero, y otras que se encuentren en el apartado de esta herramienta, ya que se siguen las cualidades de estas monedas virtuales.

- **CryptoCompare**

Se ha clasificado como una de las mejores calculadoras de rentabilidad de criptomonedas, ya que permite el estudio de una gran variedad de monedas virtuales, desde su plataforma se pueden obtener detalles sobre estos activos, desde su precio hasta noticias relevantes como consejos.

Por otro lado una cualidad relevante de esta calculadora es que todos los datos se emiten de manera sencilla, de ese modo el orden ayuda a que sean entendidos sin tanta complicación, desde la sección de "Markets" puedes hallar "Mining calculator", desde ese apartado se integran datos del nivel de hashing power.

Medir la energía consumida es una realidad por parte de esta herramienta, lo mismo sucede para estimar el porcentaje de Pool, de ese modo el resultado puede estar apegado realmente a la forma en la que vas a minar, para posteriormente cambiar y conocer el valor sobre cada criptomoneda que sea de tu preferencia.

- **Whattomine**

Representa una buena alternativa web para seguir la rentabilidad de las criptomonedas, gracias a que su funcionamiento es completo y ofrece una gran variedad de información, donde cada dato puede ser filtrado y ordenado según tu preferencia, luego para obtener el cálculo final sólo debes seleccionar la moneda que desees.

Sobre un apartado de la plataforma se encuentra información a completar como los valores, datos, hash rate, energía, coste y otros porcentajes, de esa manera también se puede tener en consideración para visualizar la dificultad del minado, hasta consultar cualquier variedad de criptomonedas.

- **CoinCalculators**

Posee las mismas funciones que las calculadoras anteriores, pero con una interfaz más práctica para manejarlo a tu antojo, porque desde la sección "coins" puedes toparte con revelaciones sobre los mejores hardwares para llevar a cabo el minado por ejemplo, de ese modo puedes dar el paso hacia la minería con mayor seguridad.

Al rellenar todos los datos, como hashrate, coste de energía o hardware y otros, puedes ir consultando el nivel de rentabilidad que ofrece esta actividad, sin perder de vista la distinción sobre un activo u otro para reconocer su rentabilidad.

Los algoritmos usados por la minería

Llevar a cabo la minería de Bitcoin, consiste en la participación sobre la verificación de transacciones que se llevan a cabo sobre la red, para emitir nuevas criptomonedas, en caso de que estés interesado por este tipo de minería, debes seguir de cerca todas las exigencias del dominio del algoritmo de esta actividad, porque se emplean dos tipos de algoritmos para minar, como los siguientes:

1. **Algoritmo de minería**

Es reconocido como un procesamiento de datos, para ello hace falta un hardware especializado que trabaje con este tipo de algoritmo, según el que utilices va a requerir la implementación de equipos que tengan la capacidad de lidiar con estas cualidades, en el caso de los dispositivos ASIC, se encargan de trabajar para los algoritmos específicos.

2. **Algoritmo de consenso**

Es un algoritmo relacionado con todos los miembros o nodos que forman parte de una red de criptomonedas, siguiendo el funcionamiento de la misma, porque algunas transacciones cumplen una finalidad o una validez particular, todo esto influye sobre el orden de bloques que se implementa sobre la cadena, y otros aspectos.

Los algoritmos de consenso con mayor popularidad son la prueba de trabajo (PoW) y la prueba de participación (PoS), adicionalmente existen dudas sobre la cantidad de trabajo que se requiere sobre la prueba de trabajo, a lo que debes tener en cuenta que se trata de un menor nivel de trabajo, porque no se trata de una obligación que debes hacer por tu cuenta, sino que el hardware se encarga.

La prueba de trabajo se describe como un algoritmo de consenso para solucionar un acertijo, dentro de esta dinámica el minero busca hallar lo más pronto posible la respuesta para que pueda integrar un nuevo bloque que pertenece a las transacciones de cadena, esto funciona porque es muy poco probable que dos mineros puedan dar con la misma solución.

Cada acertijo usado para los bloques necesita soluciones diferentes en un orden aleatorio, este tipo de mecanismo causa que no se pueda buscar doble moneda, así que por cada resolución se genera una recompensa y para dar con esa respuesta hace falta aplicar los hardwares mineros para procesar datos a gran velocidad.

Esta es la razón por la cual los mineros deben contar con equipos potentes, de ese modo la criptomoneda que seleccionaste puede ser minada, en este sentido la prueba de trabajo es uno de los algoritmos por consenso que más se usa, sobre todo cuando se trata de Bitcoin, siendo una de las primeras monedas virtuales y emplea PoW.

Esta clase de minado requiere un hardware especial, esto mismo sucede en el caso de seleccionar Monero, Zcash, Ethereum classic, Bitcoin cash, y otras, pero la red de Ethereum posee una sustitución por parte de la prueba de participación o se mantiene por medio de una función híbrida.

Los requisitos para llevar a cabo la minería de criptomonedas

Una clave para ser parte de la minería de criptomonedas, es sostener un aprendizaje continuo, para avanzar en medio de esa actividad y obtener ganancias con una elevada dosis de paciencia, sobre todo para contar con los hardwares y softwares necesarios para que sea una acción rentable, y sin pasar por alto los costos que esta acción causa.

Pero por encima de obtener estos dispositivos, se debe implementar un sistema de refrigeración para que la ubicación o sufra de fallas por sobrecalentarse, lo más importante es que tanto la electricidad como el internet puedan ser estables, sino el trabajo será interrumpido y no podrás ejercer la minería, puntualmente lo que necesitas es lo siguiente:

- **Hardware**

El tema del hardware se refiere directamente a los equipos claves para minar la criptomoneda seleccionada, esto incluye en línea general todo lo referente a procesadores, tarjetas gráficas y otros equipos especiales, una vez que puedas seleccionar uno, podrás avanzar a que encajen otras cualidades.

Pero lo que se puede tener en cuenta es el tipo de algoritmo de minería, sobre el cual se encuentre asociada o programada la criptomoneda que vas a minar, porque el algoritmo de minería es el principal encargado para que se cumplan las normas al momento de encriptar o desencriptar la información que surge tras cada transacción.

Es decir por medio del algoritmo se obtiene un mensaje sencillo para la comprensión hasta ser algo indescifrable, además este es el modo para que el resultado no se pueda repetir, como parte de la seguridad de la red, es decir se trata del modo a través del cual la criptomoneda no pueda ser falsificada.

Por este motivo si deseas minar Bitcoin, debes implementar dispositivos ASIC, por ser la mejor solución para aplicarse sobre el algoritmo SHA-256, pero para minar Ethereum o también Zcash, demanda una tarjeta gráfica dedicada (GPU), además de emplear una fuente de poder que sea certificada al 100%.

En cambio para minar Monero o bytecoin, hace falta cubrir un requerimiento de un procesador de CPU del ordenador, para cumplir con la minería de forma efectiva y cosechar ganancias.

- **Software**

Existen diferentes tipos de software o programas diseñados para minar criptomonedas, incluso de la talla de Bitcoin, por eso lo primero es contar con software minero, donde el hardware será capaz de poner en marcha al hardware, hasta desarrollar un rendimiento sobre la red de la criptomoneda para que se pueda minar.

Por este motivo en la actualidad puedes hallar distintos tipos de software, todo depende según el tipo de hardware que estés empleado, además de considerar el tipo de criptomoneda que deseas minar, los más usados son CGminer y Claymore, el primero es el más empleado para minar Bitcoin cash, en cambio el segundo es ideal para ether.

De la misma manera, debes incorporar un programa para medir el rendimiento del hardware, así mismo se puede configurar el rendimiento de estas utilidades para seguir tus preferencias, en el caso del uso de dispositivos ASIC, como lo es AntMiner de Bitmain, ofrece un sistema autónomo para la configuración y el seguimiento.

Pero si te encuentras minando por medio de GPU, hace falta descargar y usar programas como MSI Afterburner o también GPU-Z para cumplir con la finalidad de la minería, lo concerniente al rig minero conocido como el desempeño, se puede obtener desde el sitio web del pool proveniente de la minería o apelando a las funciones de TeamViewer ya que ofrece el acceso al rig de forma remota.

- **Cartera o monedero**

Un requisito indispensable es contar con cartera, para almacenar los pagos que vayas recibiendo al minar, esta puede ser de diferentes modalidades como un hardware, una cartera fría, o un software que funcione como una aplicación, en el caso de las carteras frías se trata de equipos de mayor confianza, aunque los softwares se pueden proteger con robustas claves.

En línea debes cuidarte de los hackeos, esto mismo sucede con algunas casas de cambio, por ello es mejor optar pos las primeras opciones para poner en riesgo el patrimonio por ningún motivo.

- **Refrigeración y acondicionamiento**

Un requisito clave que no se puede pasar por alto, es el acondicionamiento de la zona, porque los equipos de minería debe estar acordes o bajo una temperatura estable para que su funcionamiento no se vea afectado, sobre todo cuando el nivel de procesamiento al cual se someten genera un calor extremo que puedes causar deterioro.

Para que los equipos no se puedan recalentar, el cuidado de la temperatura lo es todo, porque eso ayuda a que los aparatos puedan proporcionar una extensa duración sin que deje de funcionar, aunque todo esto se debe someter bajo evaluación constante, un dato clave es investigar la temperatura máxima que soporta el hardware que usas.

La temperatura se debe custodiar, para que tengas picos de lo que es capaz de alcanzar un dispositivo durante el minado, esto ayuda también a conseguir un punto menos nocivo para ejercer la minería, un control de este nivel es beneficioso para que los equipos estén a salvo, esto se puede ejercer al seguir de cerca algunos puntos que impidan el recalentamiento.

La primera clave o respuesta es la refrigeración, porque es lo que más se debe preservar en un espacio, la solución reside sobre los aires acondicionados y la ventilación constate, de igual forma sobre los equipos se puede aplicar sistemas de enfriamiento líquido, para que se utilicen como una forma de mantenimiento.

Por encima de la refrigeración, se encuentra la configuración al momento de ejercer la minería, esto quiere decir que la potencia asignada se puede controlar sobre los extractores de calor que forman parte del hardware, esto va de la mano con el poder de procesamiento que se pueda designar.

Lo más usual es que el poder de minado se baje un poco, de ese modo los equipos pueden funcionar de mejor manera durante largo tiempo, porque si posees dispositivos al máximo nivel, pueden surgir algunas averías mucho antes del tiempo esperado en base de las cualidades del equipo, lo cual afecta el nivel de ingresos que dedicas a la minería.

Los intereses devengados por las criptomonedas

Muchas criptomonedas seleccionadas al minar, poseen un protocolo y funcionamiento en base de intereses, porque el sistema recompensa a cada involucrado para recopilar criptomonedas sobre una red específica, de ese modo se pueden validar cada una de las transacciones, esto se conoce como la prueba de participación.

El protocolo de la prueba de participación no mantiene un alto consumo de energía al momento de validar transacciones, o para emitir criptomonedas, esta es una gran diferencia que posee con la prueba de trabajo, por eso es que la prueba de participación consiste en la cantidad de criptomonedas que se hayan acumulado.

Para ser parte de la validación de una red PoS es vital contar con criptomonedas que serán empleadas para esta actividad, posteriormente se debe bloquear este tipo de criptomonedas sobre la blockchain, de ese modo se puede certificar que los fondos no se usen para otra finalidad que no sea validar las transacciones.

Esto significa que estarás ofreciendo garantía sobre la seguridad, y sobre el propio comportamiento de la red, porque si ejerces una acción inapropiada vas a tener las criptomonedas bloqueadas, dentro de esta dinámica la selección del nodo validador se añade al próximo bloque de manera aleatoria.

Pero a medida que poseas más criptomonedas para este tipo de utilidad, elevas la posibilidad de ser seleccionado y vas a obtener un mayor margen de ganancias, sin embargo la principal razón por la que se prefiere Peercoin, PIVX, NEO y Lisk por el menor impacto negativo que causa al ambiente.

Los requisitos para minar criptomonedas que emplean PoS

La tarea de validar transacciones por medio de PoS, no demanda un alto nivel de consumo eléctrico, por eso no hace falta contar con hardware especializado, solamente debes contar con un ordenador que posea un disco duro capaz de contar con una copia de blockchain, sin dejar a un lado el rol de una buena conexión a internet.

En medio de este procedimiento no debes administrar el nodo completo para obtener dinero, existen pools para las criptomonedas que ejercen sus funciones de igual manera en la que lo hacen las pools de minería de prueba de trabajo, es importante sobre esta dinámica que se puedan repartir las ganancias en base de la participación.

Por otro lado se presentan requerimientos para cada red, sobre todo al momento de querer tener los nodos validados, pero estas son cuestiones de seguridad o escalabilidad que van en base a las expectativas de las criptomonedas, para esto se pueden seguir las calculadoras de la minería para seguir los indicios del mercado de criptoactivos.

Cómo elegir la criptomoneda para minar

Un punto crucial al involucrarse dentro del mundo de las criptomonedas es seguir la rentabilidad de cualquier forma de monetización de las mismas, para ello debes estudiar algunas variables sobre estos activos, uno de estos detalles es el precio actual que posee la criptomoneda en el mercado, como también el costo de la electricidad.

Además el poder de minado es crucial al tomar una decisión, porque algunas criptomonedas demandan mucha más potencia, lo mismo ocurre con la compra de los hardware, este tipo de datos puede ir creando un perfil de la criptomoneda ideal para la minería, de igual forma sitios web como WhatToMine o CoinWarz pueden ayudar.

La evaluación para decidir sobre una criptomoneda y otra, se puede medir también por su rendimiento, esta visión puede proporcionar más seguridad al tomar una decisión, pero bajo una escala a largo plazo, por ello se trata de un paso que merece un alto nivel de seriedad, esto se complica cuando tienes en mente alguna criptomoneda novedosa.

Pero lo que más se debe evaluar son los aspectos de seguridad, e intercambio sin problemas, por ello es un deber investigar el tipo de proyecto que está detrás de una criptomoneda, ya que de esa forma se puede aprovechar el crecimiento, y conociendo el uso o el rol que posee el activo es más sencillo.

La evaluación sobre el tipo de hardware o software que necesitan, representa otra medida para saber si resulta positivo minarlas, sin dejar a un lado las características que estén detrás de la moneda virtual, esto significa que se debe investigar desde lo más general de la criptomoneda hasta lo más puntual.

Por medio del libro blanco puedes saber sobre un activo, ya que se encuentra la explicación del proyecto, esto ofrece datos desde la relevancia técnica pero también sobre lo ético, esto se compara con la hoja de ruta del proyecto para medir el alcance hasta donde desea llegar dicha criptomoneda y el lapso para lograrlo.

La realidad u opinión de otros mineros es un punto a tomar en cuenta, porque en medio de muchos foros o chats se puede encontrar una decisión común, este tipo de aspectos son los que permiten evaluar mejor a las criptomonedas en base de tus expectativas, donde el rol de los desarrolladores de la misma también importan.

Todo sobre un pool de minería

El pool de minería funciona como un nodo, este permite que se puedan conectar un grupo de mineros de criptomonedas, para que la actividad sea realizada de manera simultánea, causando que el poder de minado crezca de forma significativa, esto es parte de los valores del hashrate, para que todos participen en la red como una sola conexión.

Este tipo de apuestas se han verificado que funcionan mucho mejor sobre la prueba de trabajo, porque para la prueba de participación posee un uso totalmente distinto, donde la temática es que los participantes puedan designar poder de decisión a otro para que sea capaz de administrar el nodo.

Esto quiere decir que la posibilidad para que se integren más bloques a la cadena se haga efectiva y de ese modo las recompensas aumentan, en el caso de PoW o PoS el recibo de recompensas siempre va asignado según lo que corresponda al acuerdo de la pool para que sean distribuidas de forma efectiva.

La duda entre minar solo o acompañado, puede ser enorme, pero el instinto importa como también seguir la orientación de la realidad para no tomar una decisión que supere tus posibilidades de responder con un equipo, porque todo esto va de la mano con el tipo de ganancia que puedes obtener por medio de la minería.

Pero el punto crucial es que si deseas minar criptomonedas por tu cuenta, debes contar con una inversión previa para tener los equipos necesarios, en cambio al hacerlo acompañado este deber desciende, aunque si lo haces con una inversión a medias no vas a llegar a la potencia de minado que se requiere para cosechar ganancias.

Cuando se trata de potencia, mayor resultado genera una red entera que solo un dispositivo, por ese motivo realizar la actividad de forma grupal es beneficioso, y esto causa que puedan crear más granjas de equipos para que la minería de cualquier dispositivo quede anulada por completo.

Como la minería se basa en encontrar un resultado correcto sobre la red de criptomoneda, la posibilidad de resolución eleva con un poder de minado alto como el que alcanza una pool, porque es mayor que cualquier otro nodo que opera en la red, al hacer el minado solo, reúnes 1% de hashrate, en cambio por grupo aumenta hasta 10% con 8 mineros por ejemplo.

Por eso en grupo suele ser más rentable según la efectividad de la potencia de minado que puedan reunir, este es el motivo principal por el cual se elige, la minería de pool suele ser mucho más conveniente sobre todo en comparación de los equipos, ante esto puede surgir la duda de optar por Monero que es una criptomoneda anti ASIC.

Una opción como Monero es factible porque se encuentra asociada a la minería CPU y GPU, pero de igual forma si posees un menor nivel minado lo más inteligente es pensar y apostar por una pool, puedes consultar por medio de CoinWarz el tiempo estimado en el que se minará el primer bloque y lo obtenido.

Los valores de la red son tomados en cuenta para pensar en la rentabilidad de cada ajuste o decisión, pero adicionalmente del tiempo que demora minar por tu cuenta, debes pensar en que involucrarte con una pool te puede generar una cantidad importante de regalías, lo peor de cualquiera de las dos medidas es que el precio de la criptomoneda decaiga.

La forma de pago de los pools

La forma de pago de los pools, se encuentra asociada a una forma de distribución, esta varía según la sociedad o los acuerdos, pero la mayoría se concentra en una repartición equitativa, en base del poder de minado que posea cada participante, además la recompensa se desarrolla por medio de dos partes o dos procesos.

Una etapa de cobro por medio de los pools, es por las nuevas criptomonedas que sean emitidas junto con las comisiones por transacción, o que los administradores se queden con lo recolectado para repartir las nuevas criptomonedas, según como sea el uso de los dispositivos, los administradores pueden cobrar un porcentaje de lo que se haya minado.

Ese tipo de tarifa o cobro tiene que ver es con el mantenimiento de la pool, pero más allá de aceptar y hallar condiciones de pago favorables para tu caso, sigue siendo recomendable para medir la rentabilidad, bajo la mirada de los dispositivos que alcancen el poder de minado necesario y significativo para llegar a un hashrate óptimo, pero esto es sinónimo a una inversión sobre el hardware.

El papel de los mineros web

La definición de los mineros web se concentra sobre un tipo de software que se puede instalar desde un código base, esto proviene desde el sitio web que causa que los ordenadores de cada usuario visitante y su dispositivo, sean usados para minar, la instalación de esta clase de software se realiza por medio del administrador web o por medio de un atacante.

Esta clase de minería se distingue como un malware, es decir como un software maligno por eso debe emitir una advertencia sobre su función porque si no autorizas este tipo de paso, sería una medida ilícita, incluso si no es diseñado por el propio administrador, esto causa que los mineros web se asocien con superpoderes.

En general esta clase de minado es una responsabilidad, porque esta tecnología se debe dedicar para un uso justo, de ese modo los usuarios no se ven afectados de manera negativa, ya que una utilidad inapropiada puede ser clasificada como una, porque sin consultar se afecta al rendimiento de los equipos que ingresen al portal.

El deterioro de un equipo, se debe gracias a que la minería de criptomonedas demanda un mayor nivel al CPU, en caso de que dicho dispositivo no tenga cualidades acondicionadas para cumplir esa exigencia del CPU, por consecuencia empieza a funcionar mucho más lento, en el caso de los teléfonos empiezan a sufrir daños irreparables.

Pero por encima de estas funciones malignas, los mineros web en las manos correctas pueden tener una aplicación mucho mejor, ya que algunas causas benéficas pueden optar por esta alternativa por medio de una autorización previa, de igual forma este u otros proyectos te permiten elegir qué cantidad de procesamiento puedes donar para no sobrecargar tu equipo.

Esto quiere decir que los mineros webs se emplean como una opción adicional para establecer suscripciones pagas, o como una forma de publicidad sobre los sitios web, esto es aceptable siempre y cuando se emita una autorización previa, esto se encuentra asociado sobre el poder de minado que también estés dispuesto a proporcionar.

Lo que representa la minería en la nube

Se trata de un servicio donde se puede rentar un poder de minado, de ese modo se pueden conseguir las recompensas que hayas obtenido, es como un tipo de minería pero realizada por medio de terceros, gracias a la plataforma que proporciona una parte de su poder de minado, esto causa más dudas sobre la rentabilidad en comparación de hacerlo en solitario.

Dentro de la minería en la nube se unen los mismos factores para estudiar a la minería de pool, por ello se puede entender como un tipo de rentabilidad relativa, pero debes considerar el riesgo de ser estafado porque mediante la nube esto es más frecuente o bajo un peligro mucho mayor.

Lo positivo de la minería en la nube es que no debes invertir en la compra de hardware, además se reducen los gastos de electricidad, refrigeración y otros conceptos de este tipo, lo mismo ocurre con el mantenimiento o el cuidado del hardware, porque no será un asunto que cause preocupación.

Lo único en contra es la incidencia de ser estafado, porque el poder de minado no es originado por ti mismo, por ese motivo no puedes notar el poder total de minado que ofrecen y las condiciones de cancelación de acuerdo no son favorables para ti, y pueden hacerlas efectivas si los precios del mercado de criptomonedas no son convenientes.

La minería de criptomonedas desde un Mac

Los usuarios de un Mac pueden tener dudas sobre su participación en la minería de criptomonedas, sobre todo porque la comunidad de los usuarios de OS pueden tener menos oportunidades de ser parte de esta actividad, pero no se debe pasar por alto que el usuario promedio que tenga Windows o Linux también debe contar con un poder de computo que quizás sus equipos no posean.

Esto sucede por la propia evolución que ha tenido esta clase de tecnología, sobre todo por la fabricación de hardware especiales como ASIC, o lo mismo ocurre con las tarjetas de GPU que poseen un desarrollo potente, por ello la minería con el uso de computadores personales ha quedado a un lado.

El mundo de la minería se encuentra asociado directamente con las altas temperaturas, el consumo eléctrico y las computadoras, todo esto es un ambiente profesional para obtener ganancias a través de este ámbito, pero por encima de todo este escenario, es posible generar dinero usando Mac, aunque no sería la misma magnitud que generan otros equipos.

Por todos estos motivos, no es una buena idea minar desde Mac, ni siquiera Windows cuenta con aceptación amplia, sino que lo mejor es invertir por la mayor capacidad de cómputo, para afrontar la competencia existente sobre esta red de cadenas de bloques que se desea minar.

La misión es entrar al mundo de la minería por medio de ahorros, para lograr implementar y usar un software especializado, junto con conocimientos para entender el funcionamiento de estos dispositivos.

La minería en Ethereum por medio de Ubuntu Linux

Ethereum funciona como una red que posee gran semejanza con el Bitcoin, pero su cualidad reside sobre la participación o uso sobre los contratos inteligentes, este es un avance sobre el entorno de las transacciones ya que promueve la privacidad y el anonimato, este es el potencial que reside bajo el proyecto de Ethereum.

Desde este razonamiento aumenta el interés por minar Ethereum, pero es una acción que no resulta tan rentable como se cree, sin embargo existe una oportunidad para monetizar a través de este medio, para llegar a ese resultado se debe contar con poder de procesamiento gráfico, siendo el GPU lo más clave.

Una de las mejores opciones para minar es la elección de NVIDIA GeForce GTX 1070, se postula como una de las mejores tarjetas para esta finalidad, porque por encima del poder de procesamiento que proporciona, también disminuye el impacto energético, esto es esencial para que los costos desciendan un poco y arrojen mayores ganancias.

Al tener cubierto el tema de las tarjetas gráficas, lo próximo para atender es el tema del software, porque es lo que permite ser parte de la red para distribuir y minar, esto no es recomendable de realizar por medio de Windows, ya que resulta mucho más efectivo optar por Linux.

Un sistema como Linux posee más libertades gracias a que el sistema operativo es libre, y reduce el gasto de la minería porque el minado es efectivo hasta alcanzar una tasa de hash mayor a la que se obtendría por medio de Windows, implementando el mismo hardware, estas son diferencias claras entre uno y otro.

Para servidores de proyectos, el uso de Linux es lo más indicado, la evolución del mismo causa que sea una descarga más frecuente de lo que se cree, para llevar a cabo el proceso de uso del software debes instalar Ubuntu, al contar con el equipo Linux lo demás será ejecutar y configurar el programa.

- **Requisitos de la instalación de Ubuntu**

Para usar Ubuntu necesitas contar con una memoria USB que sea de 2GB como mínimo, luego necesitas descargar Etcher que se encuentra disponible para sistemas operativos como Windows, Mac y Linux, por último podrá instalar Ubuntu, tras haber formateado la memoria USB e iniciar Etcher para seguir los pasos del instalador.

- **Instalación de Ubuntu**

El propio proceso del instalador solicita acceso hacia la ubicación de Ubuntu, luego de cumplir con este paso puedes conectar la memoria USB sobre la máquina para que el sistema arranque desde la misma, esto es guiado por parte del instalador que funciona de forma intuitiva, solo debes seleccionar el sistema operativo sobre el cual se instalará.

Normalmente es mejor no particionar el disco, sino dejar en pleno funcionamiento a Ubuntu, además se puede extender la capacidad del disco al invertir por un SSD que valga la pena, luego de finalizar estas opciones de instalación se puede desconectar la memoria USB para reiniciar la máquina e ingresar directamente sobre Ubuntu.

- **Ingresa al software para minar Ethereum**

Para minar Ethereum se debe poner en marcha el Geth y Ethminer, además de instalar los drivers correctos de las tarjetas gráficas, y por último usar o disponer de un wallet para recibir los fondos que vayas minando, al cumplir con esto sólo se deben seguir los pasos desde una ventana de terminal.

El funcionamiento completo del launcher de Ubuntu se encuentra sobre la esquina superior izquierda de la interfaz que estás usando, además se puede activar por medio de un atajo con la tecla de Windows, de ese modo podrás escribir terminal y surge el botón para ejecutar la aplicación.

Luego lo primero por realizar es instalar el repositorio APT que forma parte de Ethereum, al introducir el comando:

Sudo apt – get install

Software-properties-common

Sudo add-apt-repository

Ppa: ethereum/ethereum

Sudo apt – get update

De este modo se puede continuar a instalar geth y ethminer, introduciendo los siguientes comandos:

Sudo apt – get install

Ethereum ethmier geth

Cubierto estos pasos, lo próximo por hacer es asegurarte de tener instalados los drivers de la tarjeta, de ese modo vas a contar con el soporte para llevar a cabo el minado Ethereum, si no cubres este paso, vas a tener que lidiar con controladores open source de Linux que no ayudan mucho.

Si vas a instalar los drivers debes tomar en cuenta que no se puede llevar a cabo la instalación si Ubuntu se encuentra en plena ejecución, para salir puedes usar los comandos Crtl +

Alt + F1, posteriormente será necesario incorporar el usuario y la contraseña, para detener el X server, puedes presionar lo siguiente:

Sudo service lightdm stop

De este modo puedes ejecutar con total libertad el controlador de la tarjeta gráfica, no puedes pasar por alto cambiar a la carpeta donde se haya realizado la descarga, una vez que cumplas con esta instalación lo que hace falta es reiniciar el equipo, por medio del comando:

Ethminer –list-devices

La lista expuesta debe ser igual al mismo número de tarjetas que posees o tienes instaladas, además del nombre total y la memoria deben estar correctos, si existe algún error significa que el driver no funciona bien y hubo un error durante el proceso anterior, en caso de ser correcto, lo siguiente a aplicar es:

Ethminer –M –G

En el caso de la –M se refiere a Ethminer, mientras que la –G es lo que se va a ejecutar con las GPUs que han sido instaladas, esta clase de comando al ser iniciado por primera vez pone en marcha un DAG, esto demora entre 8 y 15 minutos, luego vas a poder visualizar la tasa de hash mínima, la máxima y el promedio.

Para terminar de aplicar la configuración es vital añadir la wallet para recibir los Ethereum que sean minados, o cualquiera que desees recibir, esto amerita la instalación de geth que permite crear el wallet para que solo tengas que crear una buena contraseña que ofrezca garantías, a través del comando ingresado:

Geth account new

El control de esta clave es crucial para que nadie pueda tomar acciones con tus fondos de Ethereum, tampoco puedes olvidarla porque no hay manera de recuperar la contraseña, estas precauciones representa el éxito de la operación de minado.

- **Selecciona un pool**

Al tener el software listo para minar, lo próximo es que seas parte de un pool, porque es mejor apostar por un poder de minado mucho más colectivo para conseguir u bloque que trabajar por tu cuenta y tener menos posibilidades de lograrlo, pero de antemano debes saber que las ganancias se reparten según lo aportado o tu actividad.

Para implementar un minado efectivo de Ethereum es vital o más recomendable ser parte de un pool, para tomar la decisión correcta puedes seguir los foros de Ethereum y reconocer un pool que se ajuste a tus necesidades, al seleccionarlo debes contar con la dirección que se incluye sobre ethminer, además de completar otros campos como tu wallet.

Ethminer –U –F "http://eth-eu.dwarfpool.com:80/wallet

Por medio del sitio web del pool puedes hallar cada uno de estos datos, como lo es la dirección, puerto, y otro tipo de detalle que son claves para empezar a minar, la mayoría de los pools se mantienen como anónimos y no debes llevar a cabo un registro para ser parte, de igual forma la efectividad del mismo se puede medir por sus estadísticas.

Cómo minar Litecoin

Si estás pensando en minar Litecoin existen muchos puntos por considerar y conocer, lo primero por descubrir es que se trata de una red que tarda 2,5 minutos en confirmar cada bloque, por ello representa uno de los activos que funciona cuatro veces más rápido, este es un punto interesante para considerar este activo para minarlo.

La popularidad de un activo como Litecoin lo ubica en una opción llamativa para minar, sobre todo porque se puede llevar a cabo por medio de una importante variedad de opciones, y cada una es conveniente para distintos presupuestos, puedes evaluar las siguientes modalidades:

1. **Minería en solitario**

Esto se conoce como asumir la responsabilidad de invertir y obtener todo el equipo necesario para desarrollar la minería, pero esto acarrea como ventaja el hecho de no tener que dividir o compartir ganancias, por eso puedes obtener mayor cantidad de dinero por estar exento de comisión, pero la inversión se realiza al inicio para tener el equipo.

Lo mismo ocurre con el pago de los servicios, ya que se deben asumir de manera individual, por ello es una medida que para muchos puede resultar costosa y no ser la opción indicada que tanto esperan, a esto se suma que si no desarrollas una buena potencia de minado puedes pasar un lapso de tiempo importante sin obtener ganancias.

2. **Pozo de minería**

En caso de que la minería en solitario luzca costosa, puedes estudiar el rol del pozo de minería, porque es una modalidad donde se comparte recursos, ya sea la potencia computacional o la electricidad, esto al mismo tiempo hace que crezca la oportunidad para conseguir la recompensa detrás del bloque.

Por medio de esta alternativa el ingreso es más constante, porque al minar en cada oportunidad se distribuye el porcentaje según lo que proporciones en cuanto a energía o potencia, por eso actualmente existen una gran cantidad de opciones de pozos de minería como los siguientes:

- **Litecoin Mining Pool.** Es reconocido como uno de los pozos más antiguos porque opera desde el año 2011, además mantiene una política en la cual no cobra comisión, esto funciona por parte de un sistema de pago por acción (PPS), lo que indica que la recompensa se distribuye según la energía y electricidad proporcionada.
- **Antpool.** Se ubica en China y es reconocido como uno de los pozos de mayor tamaño, no cobra comisión al unirse pero se quedan con un porcentaje de

las transacciones con las recompensas, estas se dividen según la energía compartida que es capaz de liberar los pagos diariamente.

Estas son las pioneras, pero en línea puedes hallar muchas más, lo importante es que puedas consultar por medio de un foro, de esa manera puedes medir la dinámica que usan y si es rentable para ti.

3. **Minería en la nube**

Para no tener que aportar nada al momento de minar, es decir no tener que comprar equipos caros, la oportunidad o última opción es optar por la minería en la nube, porque sólo debes pagar a una plataforma para que esta alternativa se encargue de trabajar por ti, por eso el único requisito va a ser contar con una computadora.

Esta clase de plataforma funciona como un grupo de computadoras que poseen un ajuste para llevar a cabo la extracción de criptomonedas, a medida que tengas más computadoras interconectadas, significa que podrás minar de forma efectiva, esto a su vez es un gran inicio para los principiantes, porque no debes invertir en un hardware costoso.

Pero los cuidados se deben dedicar sobre el tipo de compañía minera que selecciones, porque en línea abundan una gran cantidad de estafadores que se quedan con tu dinero, así que mucho antes de apostar por alguna deben ser investigadas previamente, uno de los más conocidos y seguro es Hashflare, por su trayectoria desde el 2014.

- **Hardware para minar Litecoin**

Al principio la minería de Litecoin se podía llevar a cabo únicamente con el CPU y GPU, lo cual implica una pequeña inversión para empezar, y aún así puedes encontrar importantes ganancias, pero luego esto ha ido avanzando hacia la búsqueda potencial de mayores ganancias, usando equipos ASICs para minar.

El funcionamiento de los ASIC es mayor a un CPU o GPU, por eso implica un incremento sustancial de ganancias, porque es un mejor equipo para llegar a esos resultados rentables que todos esperan, por este motivo muy poco se usa CPU y GPU, porque quedan obsoletos, esto causa que los elementos necesarios para esta minería sean los siguientes:

1. **Antminer L3+.** Es uno de los hardwares más potentes para la minería de Litecoin, es el más potente

y avalado por BitMain, por ello los demás hardware no cuentan con este nivel de popularidad, arrojando una tasa de hash de 504MH/s para resolver ecuaciones matemáticas con efectividad.

En el mercado puedes seguir investigando alguna segunda opción que te pueda generar una buena tasa de hash, de esa manera podrás obtener buenos resultados al momento de ejercer la minería.

- **Software para minar Litecoin**

La pieza clave para la cual se busca software se para el Antminer L3+, el cual por su facilidad de ajuste lo hace ideal para combinar con softwares de la talla de un pozo minero, para conseguir el indicado puedes investigar, y luego desde el sitio BitMain puedes crear una cuenta, para luego configurarlo y añadir la URL del grupo minero.

Option	Description
Pool URL	Enter the URL of your desired pool.
	The AntMiner L3+ can be set up with three mining pools, with decreasing priority from the first pool (pool 1) to the third pool (pool 3). The pools with low priority will only be used if all higher priority pools are offline.
Worker	Your worker ID on the selected pool.
Password	The password for your selected worker.

- ## La cotización del Litecoin

Es esencial tomar en cuenta el valor y el tipo de fluctuación que puede experimentar el Litecoin, porque se trata de un activo volátil, además debes considerar otras formas de minar que puedan ser útiles para ti, como lo es ingresar al mundo de este activo por medio de la compra en un Exchange para realizar trading.

Aprende a minar Monero por medio del computador

La minería que forma parte de Monero es especial, porque es una de las pocas que se puede realizar desde el uso del CPU, por eso es una de las alternativas más sencillas para llevar a cabo la minería, incluso para los principiantes es un gran modo de adaptares a esa dinámica, y es positivo porque es uno de los activos mejor cotizados en la actualidad.

Antes de tomar cualquier decisión al minar criptomonedas, debes entender el tipo de condiciones exigidas para obtener ganancias, uno de los requisitos más fundamentales es el conocimiento técnico de todo el procedimiento, además de equipar la zona con un buen suministro eléctrico para que sea estable, pero al mismo tiempo económico.

El proceso de minería requiere un nivel de capital importante, y una alta dosis de paciencia para esperar el alcance de las ganancias, sin pasar por alto la comprobación de la situación legal de la minería en el país, y no descuidar el mantenimiento del equipo a medida que puedas generar ganancias.

Del mismo modo la instalación del software de la minería, amerita contar con GNU/Linux, ya que se trata de código abierto y existen menos posibilidades de toparse con un problema de virus o sufrir constantes vulnerabilidades, pero lo más regular es usar Windows para este tipo de actividades.

- **El algoritmo RandomX**

El desarrollo de la minería de Monero se concentra sobre el algoritmo RandomX, porque cuenta con un rendimiento llamativo sobre las CPUs, por este motivo no es necesario implementar ASIC, motivando a que más personas se puedan involucrar sobre la actividad de la minería.

RandomX se describe como un algoritmo que ofrece un funcionamiento aleatorio, de ese modo los procesos indispensables para la minería, por ello los dispositivos ASIC no poseen efectividad al querer descentralizar el ecosistema, esto significa que necesitas solamente un equipo de computación que sea apto para la actividad de minería.

- ## Requisitos para minar Monero

El equipo para realizar la minería de Monero es una PC, laptop, portátil o cualquier dispositivo de carácter profesional que sea capaz de trabajar durante las 24 horas del día los 7 días de la semana, esto quiere decir que a medida que tengan mayores cualidades técnicas, mejor rendimiento ofrecen sobre la minería.

Lo que se recomienda es usar un equipo o CPU, que sean de sistema operativo de 64 bits, ya sea Windows o GNU/Linux, de 4 hilos o núcleo de CPU con por lo menos de 4GB de RAM, con una conexión de banda ancha a internet estable, del mismo modo este equipo se debe tener preparado con un software especial para Monero y su minería.

Usualmente el software empleado es de XMR-Rig por lo sencillo que resulta, adicionalmente es vital tener una wallet compatible con Monero, para tener donde recibir las ganancias generadas por las acciones mineras.

- ## Pasos y procedimiento para minera en Monero

El proceso minero que requiere Monero, se puede comprender con facilidad al seguir ciertos pasos, una vez que los puedas completar puedes llegar a poner en práctica la minería hasta conseguir ganancias:

1. Crea la wallet Monero (XMR)

Una primera acción básica es crear un Wallet de Monero (XMR), ya que funciona para obtener depósitos que sean generados por la actividad minera, lo más recomendable es usar los que provienen del sitio web oficial de Monero, en la sección "Downloads" y luego realizar clic sobre la opción "GUI Wallet".

Al ingresar hasta esa opción de la Wallet, puedes descargar la versión de Windows que funciona sólo para los sistemas de 64 bits, antes de dar ese paso de descarga puedes estudiar que se trate de una versión original para que no instales un virus o se filtre un código que sea sospechoso.

2. Ingresa y pon en marcha la Wallet

Una vez que hayas descargado la wallet e instalado, puedes ejecutarla para configurar el tema del idioma, y la modalidad de la ejecución de la wallet, en ese sentido el modo simple significa que la wallet custodia pasa a conectarse con otros nodos para llevar a cabo su operación, para enviar y recibir dinero de manera efectiva.

Por otro lado el modo bootstrap actúa de igual forma que el simple, pero la distinción se centra sobre el nodo local que será capaz de almacenar la blockchain de Monero en la PC, esta es una de las opciones más seguras, pero demanda un espacio de 120 GB de disco duro.

En cambio el modo avanzado es para instalar el nodo completo, además de otras funciones adicionales, por ello puede ser mejor elegir esta y crear el nuevo monedero, en el proceso debes guardar y cuidar los datos de seed phrase, es mejor que se almacenen de forma física porque digital puede ser sustraído.

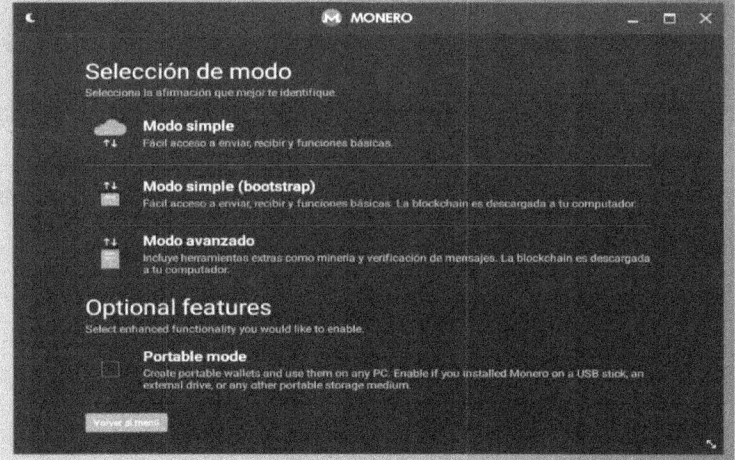

Lo próximo por realizar es crear una clave para el monedero, lo mejor es que sea robusta para que cualquier intento de hackeo sea complicado y con pocas posibilidades, lo demás es dejar culminar la instalación para contar con la wallet monero de forma activa, este proceso se desarrolla en segundo plano sin ningún problema.

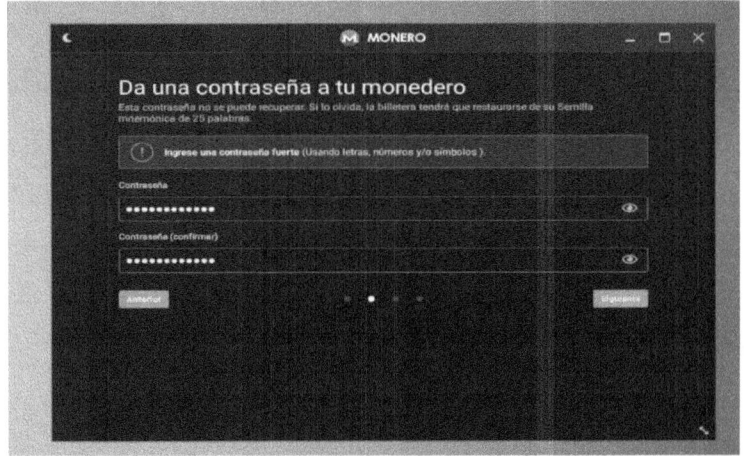

3. Descarga el software de minería a utilizar

La descarga del software de minería es el medio a través del cual se puede realizar esta actividad, lo más común es instalar XMR-Rig, gracias a su código abierto que permite que la descarga no genere alguna consecuencia adversa.

4. Elige el pool de minería

El mejor pool para minar, es aquel que sea seguro y cercano de tu país, porque de ese modo el rendimiento de la potencia de minado es similar, para encontrar las mejores opciones puedes ingresar a www.monero-pools.com, de igual modo otra alternativa globalizada es www.supportxmr.com, ya que cuenta con pools en varios países.

5. **Ajusta el software de minería**

Para iniciar con la minería en Monero se debe configurar el programa, para ello se puede emplear un sitio web para que sea un paso simple, sólo debes buscar la configuración Wizard, esta es una función propia de XMRig donde puedes seleccionar "New configuration", para seguir en; "add pool" o para escoger otro pool debes dar clic en seleccionar Custom.

Al momento de elegir Custom porque el pool no surge en el menú, puedes ingresar los datos necesarios que te proporciona el pool, en caso de seleccionar SupportXRM puedes completar los datos referentes a la información de la wallet además del nombre del worker, lo siguiente es hacer clic sobre la forma de minado a utilizar.

De ese modo puedes contar con la configuración para usar el pool que haya seleccionado, siempre es recomendable solicitar todos los datos para que no sea un proceso interrumpido.

6. Configurando el Monero

La forma más efectiva para configurar XMRig para poner en marcha su funcionamiento, es por medio del archivo config.json que se diseña para esta finalidad, por ello puedes abrir el archivo por medio de un editor de texto o un bloc de notas para borrar el contenido y copiar el que proporciona XMR Wizard.

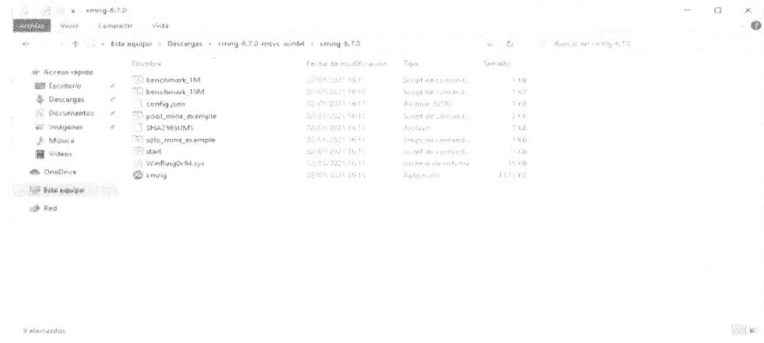

Una vez que se pueda completar este paso, lo siguiente es realizar doble clic sobre el ejecutable xmrig para que puedas empezar a minar.

7. **Aplica la optimización del equipo minero**

En caso de ser un usuario avanzado, puedes dedicarte a optimizar el equipo y el programa de minería, esto es posible por medio de la línea de comandos para modificar algunas opciones que no hayan sido preconfiguradas, luego según la potencia del equipo vas a empezar a notar en poco tiempo buenos resultados en la generación de ingresos.

Esto significa que la minería de Monero es sencilla y en pocos pasos, en comparación de otras criptomonedas, por ello es posible hasta destinar los equipos para realizar la minería en distintos pools que forman parte de esta criptomoneda con presencia en varios países, pero desde el inicio debes saber que minar en solitario no es una gran opción.

Al minar por medio de otra metodología puedes evadir la competencia que existe sobre este ámbito, sobre todo porque tus ganancias va a depender de forma directa del hashrate que forma parte de la red, por ello sumares a un pool puede ser la mejor opción, de ese modo puedes aprovechar los movimientos llamativos de Monero.

Descubre cómo minar Zcash

Desde el nacimiento de Zcash en 2013 como una solución a la privacidad de operaciones que no ofrece Bitcoin, se ha convertido en un foco importante dentro del ámbito de la minería, la cual se desarrolla sobre el algoritmo denominado Equihash, este no es compatible con el tipo de hardware de minería común como lo es ASIC.

El desarrollo de la minería es mucho más correcto por medio de GPU, para ser parte del tiempo de bloque de 1.25 minutos, para generar una recompensa de 6.25 tokens ZEC por cada bloque resuelto, si esto te motiva a llevar a cabo la minería de Zcash, debes empezar por invertir en el hardware y software necesario para obtener ganancias.

- **Hardware para minar Zcash**

Es necesario disponer de un hardware de minería para ejecutar el software sin problemas, pero para ello debes analizar la diferencia de rendimiento sobre el GPU, CPU y ASIC, porque son tipos de potencia computacional que importan al momento de realizar la minería, esto causa que se deban especificar cada una de estas:

1. **Minar con CPU**

Al minar un activo como Zcash es necesario implementar la potencia del procesador del CPU, por este motivo lo más recomendable es contar con un alto rendimiento que puede ser proporcionado por AMD Ryzen Threadripper 1950x, además de 16 núcleos con un procesador de 32 hilos, lo cual sería estimado en unos $900.

Esta vía demanda tomar en cuenta que al extraer Zcash por medio de CPU, puede quedar en desventaja en comparación de la GPU, porque el uso del CPU posee un retorno de inversión bajo, por ello lo más recomendable es optar por GPU para alcanzar las ganancias esperadas.

2. **Minar con GPU**

El medio de minería GPU emplea tarjetas gráficas preexistentes sobre las criptomonedas, las cuales son resistentes a los ASIC, esto genera que se pueda elegir con mayor seguridad la GPU, ya que está por encima de la ASIC y CPU, para elegir la más apropiada puedes considerar las tarjetas AMD o las que son NVIDIA.

Como la minera se encuentra basada en el algoritmo Equihash en este caso, puede llegar a superar a las tarjetas MD, esto exige que se deba seleccionar una tarjeta GPU que tenga 1 GB de RAM, las opciones más frecuentes del mercado es GTX 1080 por su eficiencia energética, además de la GTX 1080 Ti que es potente pero costosa.

Otras opciones de tarjetas está la AMD Vega 56/64, la cual cumple con un buen rendimiento pero con un valor elevado, es importante comparar cada cualidad con el precio, para apostar por el mejor rendimiento.

3. Minar con ASIC

Se había reiterado anteriormente que el algoritmo Equihash presenta resistencia a los hardwares ASIC, pero Bitmain emitió un comunicado sobre el lanzamiento de un ASIC para este tipo de minera que sea compatible con Zcash, es denominado como Antminer Z11, superando el poder de Z9 mini hasta tres veces por encima del rendimiento.

El empleo de Antminer Z11 ofrece un poder de hash de 135 KSol/s, con un chip de 12nm para exigir un consumo eléctrico de 1418W bajo una eficiencia energética de 10,50 J/Ksol, de igual forma otro ASIC que puede ser compatible es Innosilicon A9 Zmaster, aunque no posee el mismo respaldo.

- **Software para minar Zcash**

Al tener el hardware que demanda la minería, lo siguiente es completar la instalación del software de minería de Zcash, para ello puedes encontrar una buena variedad de software que son compatibles para trabajar con estos software tal como es el caso de Zcash Mining Software, pero es una modalidad que funciona únicamente con CPU.

Lo que puedes usar u optar es por AMD GPUs como Optiminer, Claymore y Genesis SGminer, como también por Nvidia GPUs dentro de sus opciones como EWBF Cuda, Nicehash EQM, y NEHQ.

- **Minar Zcash por tu cuenta o en un pool**

La minería de Zcash en solitario en un tiempo fue rentable, pero luego la tasa de hash de red llegó a ser muy alta, hasta el punto de necesitar un mayor nivel de electricidad y hardware, lo cual en sumatoria quiere decir que es una opción costosa, por ello la mejor alternativa es pensar con un grupo de minería.

Es posible elegir el minado en solitario, pero con la premisa de que puedes obtener una menor cantidad de ganancia de ZEC, además de llegar a necesitar una elevada cantidad de GPUs, junto con un mayor nivel de electricidad y voluntad, es mejor optar por un pool que consiste en agruparse con otros mineros para elevar las oportunidades de ganar tokens.

En un mining pool, cada uno de los mineros une su potencia, por eso se puede resolver con mayor celeridad los acertijos de una blockchain, para que luego las ganancias sean repartidas entre los mineros, distinguiendo el poder informático de cada uno, puedes consultar algunos pools como Antpool, Coinotron, Coinmine, F2pool, Poolin, Zhash y otros.

- **Cotización de minar Zcash**

Por medio de una calculadora del mining de Zcash ofrecida por Coinwarz, puedes evaluar la rentabilidad de la minería, sobre todo tomando en cuenta el tipo de hardware que estés usando, ya que en base del hashrate se determina lo que puedes llegar a minar, sin pasar por alto los costes de energía y los demás derechos de los mineros en caso de ser un pool.

Pero es un tipo de minería que es clasificada como sencilla, y la rentabilidad varía según el momento de la criptomoneda, por eso lo mejor es seguir las estimaciones de las calculadoras de rentabilidad de la minería de Zcash, porque arroja cifra o datos más actuales sobre los precios, tiempos de bloques y hashrate.

Para medir este tipo de actividad, sólo debes añadir el tipo o modelo de hardware, además de la información de hash, junto con la rentabilidad, para llegar a estos resultados puedes usar las calculadoras de CryptoCompare, WhatToMine, Coinwarz, y MyCryptBuddy.

Minería vs inversión; las consideraciones al empezar

Aprender e involucrarse con la minería, requiere de tiempo y constancia para ser parte de esta actividad por completo, de esa manera llega a ser una elección altamente lucrativa, sobre todo si eliges entre minar por tu cuenta o por medio de una compañía para hacerlo en la nube.

En caso de ser por tu cuenta, como se ha mencionado anteriormente, debes contar con una logística y una gran inversión de hardware, sobre todo los que sean especiales para este tipo de finalidad, por eso la mayoría de las personas opta por hacerlo a través de la nube porque resulta más económico.

Examinar y estudiar ambas opciones causa que se pueda optar por el mejor camino, sobre todo porque cada una tiene sus beneficios como sus contras, esto causa que haga falta un análisis exhaustivo para identificar el camino que más te conviene, desde los inicios por parte de Bitcoin en el año 2009, el proceso de extracción surgió como una actividad simple.

Esto significa que anteriormente con un portátil personal, que no fuera rápido ni siquiera, era posible generar ganancias sobre el mundo de las criptomonedas, pero luego elevó su complicación, aunque no quiere decir que sea imposible ingresar a esta clase de dinámica, sólo quiere decir que ha sido una industria que ha evolucionado.

Por este motivo el Bitcoin se puede extraer por medio de dos modalidades, estas al conocerlas ampliamente se puede asumir el riesgo y empezar a buscar las ganancias que esperas, considerando los precios del hardware y la dificultad de la actividad minera, la cual se ha vuelto un trabajo arduo para que sea una inversión con mayor sentido.

Sin embargo el mercado también ejerce su influencia por el nivel volátil, lo cual es un desafío amplio para no perder de vista las utilidades de esta clase de acciones, para ello se debe seguir la tecnología Bitcoin que en la actualidad realiza pocos cambios y su valuación no se desploma de forma drástica.

Es vital considerar antes de realizar minería, los siguientes pasos o escalas:

1. **Selecciona la empresa de minería**

La minería en la nube o "cloud mining" se ejerce por medio de la práctica donde se alquila un hardware de minería, de ese modo queda para la otra persona realizar el trabajo por el dueño del equipo o la potencia, esta clase de inversión de los equipos es paga en Bitcoin, sin importar que no se use para minar esta criptomoneda en específico.

Antes de escoger esta clase de alternativa, lo mejor es investigar profundamente las opiniones de todos los que usan esta vía para generar ingresos, sobre todo porque muchas compañías deciden participar sobre esta opción, pero luego van desapareciendo, por ello es mejor optar por compañías confiables que sean respetadas para empezar con tranquilidad.

Existe una gran diversidad de opciones de compañías para realizar la minería en la nube, por medio de CryptoCompare puedes hallar una lista bien armada con reseñas para saber los ratings de los usuarios, pero es vital distinguir de opciones y propuestas que sólo buscan postular una estafa.

2. Elige el paquete de minería

Al tener lista la selección de la compañía de minería en la nube, con un registro formalizado, lo siguiente es preferir un paquete de minería, donde se elige por la cantidad de potencia, además de lo que se puede llegar a pagar, son los acuerdos establecidos de lo que hará cada parte.

Normalmente al pagar más de comisión, puedes tener acceso a un alto nivel de rendimiento, o un rendimiento rápido, pero esto no es una norma obligatoria, para decidir puedes comparar la oferta de diferentes empresas de minería, como también puedes seguir el valor actual que es ofrecido en el mercado.

Otros aspectos que también ayuda a medir el lado más rentable es la dificultad de la minería que se establece para los bitcoins, además de las referencias que existen sobre la potencia que estás alcanzando por medio del alquiler, pero todos estos números cambian, no cuentan con una oferta fija ni mucho menos.

Lo que puedes hacer es estimar hasta dónde te puede llevar una criptomoneda como Bitcoin para dar ese paso, para todo esto se puede emplear la calculadora de rentabilidad de Coinbase, donde se puede seleccionar algunas alternativas o variables para que sea un cálculo que disminuya tus dudas.

Estas compañías normalmente ofrecen un contrato fijado como una especie de preventa, esto quiere decir que se debe pagar por adelantado, luego cuando se encuentre disponible el hardware se podrá participar, esto no es recomendable por el gran riesgo a ser estafado, al final es imposible tener 100% de seguridad que será un contrato rentable.

3. Acude a un grupo de minería

Una vez que se haya establecido el contrato, lo próximo es que ingreses al grupo de minería o mining pool, esto quiere decir que se trata del equipo de minería global al cual podrás unirte, esta clase de alternativa eleva las posibilidades de ganar bitcoin por medio de la minería, y se define como una práctica estándar.

Detrás de cada grupo de minería también residen algunos pros y contras, puedes tomar en cuenta el tipo de tarifas bajas que puedes hallar, para clasificar esta como la mejor oportunidad, en este sentido el grupo que posee mejor popularidad es Slush Pool, pero de igual forma es recomendable llevar a cabo una investigación previa porque no todos son confiables.

4. Escoge una billetera

Completar la escogencia del grupo de minería, sólo deja un último paso como lo es tener una cuenta a través de la cual vas a recibir los bitcoins, porque lo mejor es que las criptomonedas sea retiradas de la nube, para que puedan ser administradas desde tu billetera como una modalidad más segura.

De igual forma algunas compañías ofrecen la opción de reinvertir tus ganancias, sobre todo para que uses un poder superior de dispersión, lo esencial es que vayas pensado qué harás con los bitcoins que vas obteniendo de la labor de minería, ya que son fondos que incluso puedes usar en cualquier tienda por la aceptación que tienen.

Otra medida por la que puedes optar es por el HODling como una conservación de los bitcoins, siendo una estrategia viable para aprovechar algún momento rentable del activo, es decir cuando el valor del activo crezca, será favorable para el que esté almacenando este tipo de criptomoneda tenga un porcentaje mayor.

No se trata de ser un asesor financiero, sino de seguir las predicciones que surgen sobre la criptomonedas, para tomar la decisión acerca de conservar esta clase de activo, incluso si cuentas con un hardware para depositar las monedas virtuales.

- **Minar bitcoins con un hardware propio**

Antes de realizar cualquier inversión por el hardware de minería, puedes emplear o aplicar a calculadora de minería de bitcoins, de ese modo puedes estudiar cada uno de los costos, porque es imposible fijarse en un tipo de ganancia sin considerar los costos que esta clase de actividad va a generar.

Otro aspecto a considerar son los precios que fluctúan por un tema de electricidad, esta clase de variables son un punto de evaluar, por este motivo puede resultar una acción costosa para muchos, y al mismo tiempo la posibilidad de obtener ganancias puede ser baja para una gran cantidad de mineros.

La configuración del sistema de minería resulta costosa, por ello lo que debes considerar es el tipo de acceso que tengas a la electricidad, pero bajo una modalidad barata, lo mismo ocurre con la conexión a internet, este debe ser un recurso potente, a su vez esto aplica para los hardwares de mineros ASIC que pueden ser de última generación.

La esperanza de obtener ingresos por medio de la minería, demanda el uso de AsicMinerValue, puedes observar todos los requerimientos técnicos que esto posee, un servicio ideal para minar es por medio de NiceHash donde puedes implementar tu propio método, donde cada usuario puede conectar máquinas ASIC o GPU/CPU para rentarlas para la minería.

Las ganancias generadas por la minería, se puede revisar por medio de la calculadora de rentabilidad, para seguir considerando el uso de recursos y por ende el costo que representa, de ese modo sigues midiendo el potencial de esta actividad, para seguir asumiendo la realización de la minería o invertir mucho más.

Los hardwares mínimos para minar Zcash y Ethereum

Los requisitos generales que se exigen sobre el minado de Zcash o Ethereum, van de la mano de las tarjetas gráficas que puedas seleccionar, normalmente las favoritas son AMD o gráficas como NVIDIA, de ese modo con cualquiera de estos dos hardwares, puedes seguir otras medidas compatibles.

El minado de criptomonedas requiere mayormente un rig de minado, por medio de toda una serie de componentes mínimos para poder usar y sacar provecho de estos sistemas, en cada instante no se puede hacer a un lado la consideración del aspecto gráfico, porque es una cualidad que merece atención para visualizar la rentabilidad.

1. **Placa base**

En medio del minado de criptomonedas no debe faltar atención sobre la placa base, ya que es un elemento clave y su selección lo representa todo, para ello puedes pensar en alguno que se adapte a tus necesidades, pero para eso debes saber de antemano la cantidad de tarjetas gráficas que se instalarán.

En base al número de tarjetas gráficas que se instalarán, porque un modelo como Biostar TB 250-BTC es diseñado para seis tarjetas gráficas, posee un costo de 90 euros, en cambio otra opción como la Biostar TB250- BTC PRO funciona hasta para doce tarjetas gráficas por un valor de 200 euros.

Por medio de la capacidad que tengas para invertir puedes decidir entre una opción u otra, lo importante es que en el mercado puedes encontrar una amplia gama de opciones, pero el diseño común es que sean para procesadores Intel.

2. Procesador

La decisión del procesador es muy simple, porque no es necesario un tipo de procesador muy avanzado, sino que un Intel Core i3 básico será más que suficiente, en este sentido representan una de las opciones más recurrentes, sobre todo los Core i3 que son básicos, por medio de una tarifa accesible.

Lo que sucede con el procesador es que durante el minado no sostienen demasiada carga, sino que todo lo soporta la tarjeta gráfica, en este sentido no se consideran los AMD porque no es usual aplicar placas base para esta modalidad, por eso son procesadores que no son admitidos como principal recomendación.

3. **Memoria RAM**

La variedad de opciones sobre la memoria RAM, causa que sea una decisión abierta, pero lo más básico es que sea a partir de 4 GB de RAM, esto es funcional para que el programa pueda correr si problemas, además se puede optar por un módulo o dos, lo mejor es cerciorarse y emplear dos módulos para implementar la configuración Dual Channel.

Estas memorias deben contar con disipador para que desarrolle mejores prestaciones, de igual forma al querer venderlas en un futuro, vas a contar con más posibilidades de lograrlo, algunos prefieren elevar la apuesta e invertir por una memoria RAM DDR4 para llevar a cabo esta acción.

4. **Almacenamiento**

La unidad de disco duro puede funcionar sin problemas por medio de un SSD, aunque una alternativa como SATA que sea de SSD 120 GB funciona para esta clase de actividad, otra posibilidad es usar alguna unidad de disco duro que sea mecánica de al menos 500 GB o 1 TB, de ese modo se puede partir sin problemas.

5. Fuente de alimentación

El requisito de la fuente de alimentación, puede ser uno de los puntos más costosos, pero puedes partir desde la cualidad mínima de 1000W, pero en base de la cantidad de tarjetas gráficas puedes llegar a necesitar dos fuentes de alimentación, de ese modo se puede extender el soporte sobre cada una de ellas.

Lo más valorado es apostar por algún modelo que ofrezca 1250, para que pueda soportar cada tarjeta gráfica, por eso representa una de las inversiones más pesadas, pero se trata de un componente necesario.

6. Tarjeta gráfica

Una clave para el minado es la función de la tarjeta gráfica, en caso de tratarse de Ethereum por ejemplo, es importante contar con AMD y las RX 570/580, o cualquier otra con cualidades parecidas, pero las que no son compatibles son las

RX Vega, en cambio Zcash se puede minar por medio del uso de NVIDIA, la cual funciona para otros activos.

Por este motivo la decisión o la selección de la criptomoneda es un paso previo importante, de ese modo se puede elegir una tarjeta gráfica que pueda ser compatible de forma amplia, las más apropiadas de NVIDIA son las de GTX 1060 y cualquier otra GTX, pero el nivel superior de esta gama es GTX 1080 Ti.

7. Riser

Se conoce como uno de los elementos más indispensables para complementar el rig de minado, pero debe ser de una versión 6 para que pueda ofrecer el rendimiento esperado, por medio de prestaciones que resultan una gran oportunidad en base de la protección que generan y lo más sencillo es que poseen un valor bajo.

8. Chasis

Existen muchas dudas acerca de la elección del chasis, pero en este caso no se trata de una pieza que vas a utilizar, ya que no poseen soporte para el nivel de la tarjeta gráfica, por eso no resulta posible disponer de chasis, pero en el mercado se pueden hallar soluciones para cubrir este aspecto hasta pueden ser elaborados de forma personalizada.

Todos estos elementos suman una inversión general de 3.000 euros aproximadamente, todo depende de los equipos que poseas previamente, además del valor de la criptomonedas que elijas, a esto se suma la consideración de optar por una habitación amplia con mucha ventilación, y la visión para vender las recompensas en el mejor momento.

La mejor GPU para minar Ethereum

Desde el lanzamiento de NVIDA RTX 3060, se han presentado diferentes opiniones sobre este tipo de pieza, sobre todo porque siempre se busca realizar una inversión segura, esto es fácil de determinar por medio de su hashrate y el costo que poseen, de ese modo se puede formar una clasificación completa.

La minería de criptomonedas conlleva un conjunto de decisiones previas, una de ellas es la selección de la GPU del mercado, además de superar algunos contratiempos como pueden ser los cortes de electricidad o los costos de esta clase de servicio, todo esto al mismo tiempo repercute sobre el deterioro de la GPU.

El concepto inicial es que las tarjetas gráficas funcionan como un apoyo positivo para gaming, por eso puede cumplir con las exigencias del minado, siguiendo esa premisa se puede indagar acerca de las mejores GPUs para realizar el minado en base del hashrate que proporcionan.

Pero al evaluar estos aspectos también se lucha con el hecho de que ningún hashrate es fijo, ya que intervienen todo un conjunto de factores, lo primero que marca tendencia es el tipo de algoritmo usado, a esto se suma el tipo de velocidad que tenga el reloj de la gráfica como también la optimización de software.

Esto a su vez ayuda a mentalizarse de antemano con el tipo de hashrate que puedes alcanzar o esperar, en caso de seleccionar Ethereum, por ejemplo, se usaría el algoritmo Ethash que es uno de los más aplicados, partiendo de esta idea puedes conocer las marcas y modelos GPU que son más empleados y el tipo de hashrate que puedes esperar.

Adicionalmente para comparar estas piezas, se estudia el consumo de vatios y el tipo de ganancias que puedes estimar durante 24 horas, pero la ganancia final sigue dependiendo del valor o de lo que se pague por consumo eléctrico, clasificado de la siguiente manera:

- **Nvidia RTX 3090.** Posee 110 MH/s, 300W y 8.95 generado cada hora.
- **Nvidia Rade on VII.** Genera 93 MH/s, unos 200W con 7.57 de rentabilidad por hora.
- **Nvidia RTX 3080.** Desarrolla 91.50 MH/s, a través de 230W para arrojar 7.44 por hora.
- **AMD RX 6900 XT.** Otorga 64 MH/s, a cambio de 150W y unos 5.21 cada hora.

Dentro de esta clasificación lo que más predomina es la RTX 3090 para llevar a cabo la minería de Ethereum, debido a que bajo el uso del algoritmo Ethast llega a una tasa de 110 MH/s, pero en contraste de esto se trata de una tarjeta que exige hasta 300 vatios, por ello el costo eléctrico puede afectar enormemente las ganancias.

En la actualidad la mejor tarjeta GPU de AMD es la Radeon VII, porque cuenta con un rendimiento de más de 4 años, y ofrece 93 MH/s de hashrate, a cambio de un consumo de 200 vatios, lo cual indica que se trata de una alternativa que llega a ser bastante rentable al calcular cada uno de estos detalles.

Del mismo modo el rendimiento del minado de la RTX 3060, se encuentra muy cohibido o limitado, debido a que sólo llega hasta 42 MH/s, por eso es menor al rendimiento de la RTX 2080, y lo mismo ocurre con la RTX 3070 que sólo llega a los 58 MH/s, este tipo de discernimiento entre una y otra es clave para comprar lo mejor.

Lo que más se comenta es que la RTX 3060 ha cumplido su ciclo dentro de la minería, debido a que no tiene buen rendimiento sobre los algoritmos modernos que son diseñados para minar Ethereum, lo mismo ocurre con la RTX 3060 TI que desarrolla un rendimiento limitado, porque lo que busca es que la tarjeta gráfica sea atractiva para el mundo gamer.

Esa clase de enfoque en los gamers, causa que para los mineros no sea suficiente, es cuestión de preferencia de usuario, por ello NVIDIA está siendo muy observada, y si reduce el hashrate entonces el mejor camino será preferir AMD, aunque el modelo Radeon pueda ser costoso o complicado de conseguir, será una previsión a tomar.

Las facilidades actuales para minar Bitcoin

Las restricciones actuales en China han causado un cambio sobre la minería de Bitcoin, que está causando que nuevamente los mineros se fijen en esta actividad, por ello la participación sobre esta clase de actividad ha aumentado, sobre todo porque China llegaba a generar un 65% de la minería a nivel mundial, debido al precio de la energía.

Pero el gobierno chino ha implementado medidas, para acortar la actividad de la minería hasta un 90% sobre el país, esto se ha conocido como una campaña ruda, la cual disminuye la acción minera de Bitcoin los últimos días o meses, esto se ha estudiado por medio del hashrate generado sobre el país.

En medio de China se ha estudiado este tipo de medida, lo cual opacó ese 90% de la capacidad de minería que se desarrollaba, por ello el sector minero en el país quedó totalmente minimizado, en consecuencia de esto el plano minero se ha empezado a distribuir sobre otras zonas del mundo.

Por la represión en China fue necesario apelar a una participación paralela o en otra ubicación, esto al mismo tiempo disminuye la dificultad y lo convierte en un ejercicio mucho más lucrativo, porque ya no será una actividad tan demandada, sino que pasa a ser más fácil y a su vez rentable.

El motivo por el cual han surgido medidas en contra de la minería se debe al impacto ambiental de esta acción, pero de igual forma se defiende este hecho en comparación de la degradación que causan los minerales o metales preciosos, pero en este caso se trata de la validación de transacciones que se llevan a cabo entre las mismas.

La complejidad de las operaciones ha disminuido, lo cual a su vez puede descender el tipo de equipos necesarios para llegar a la solución del acertijo matemático, ese proceso de minado es lo que desencadena recompensas, siendo el principal incentivo de realizar esta clase de actividad.

El mejor software para ejercer la minería de Ethereum

La minería ejercida por medio de tarjetas gráficas, siendo una modalidad que se ha vuelto frecuente los últimos años, en el caso de Ethereum es factible optar por tarjetas gráficas que pueden responder a softwares de minería que ameritan de estudio previo para tomar la mejor decisión sobre AMD.

En el caso de usar tarjetas gráficas AMD o NVIDIA, se emplean distintos softwares que pueden soportar estas piezas, como lo es ETHMiner que es uno de los más usados para realizar la minería en la actualidad, este es especial por la función de optimización que posee, sobre todo para el algoritmo Ethash.

Pero en el caso de otros algoritmos puede presentar fallas al no soportar su funcionamiento, pero debes recordar que la minería de Ethereum deja realizar esta actividad sobre Ethereum Classic, Musicoin y otras, al mismo tiempo la ventaja de este software es su compatibilidad con sistemas operativos de Windows, Linux y MacOS.

Es vital resaltar que este tipo de software puede funcionar a plenitud con gráficas AMD, pero se ha optimizado por medio de gráficas NVIDIA, donde el rendimiento de soluciones se concentra en GPU de AMD, aunque tienen un rendimiento poco deseable en comparación con otros softwares.

- **GMiner**

Se trata de un software desarrollado por medio de un conjunto de mineros rusos, los cuales con el tiempo adquieren un mayor nivel de preferencia, al inicio es desarrollado por parte de Equihash, pero en la actualidad no logra soportar el funcionamiento de algoritmos como Ethash, ProgPoW y Kawpow.

Esa clase de algoritmos han sido añadidos en el año 2020, donde ofrece soporte para Cuckatoo, Cuckaroo, Beamhash, Cortes y otros, este software está disponible para sistemas operativos como Linux y Windows, sin generar algún tipo de problemas con tarjetas gráficas de AMD y NVIDIA.

La popularidad del software se encuentra sobre la flexibilidad sobre el tipo de algoritmos que es capaz de soportar, además del nivel de rendimiento que ofrece, por eso es un punto de comparación a no pasar por alto.

- **Mejor software con gráficas AMD y NVIDIA combinadas**

Una de las opciones o aplicaciones más curiosas dentro del mundo de la minería, es la creación o formación de un rig de minería para Ethereum pero bajo la integración de tarjetas gráficas AMD y NVIDIA para que puedan operar a su vez, donde resaltan las siguientes alternativas:

1. **Claymora Dual Miner**

Esta clase de software se encuentra diseñado para el algoritmo Ethash, basado directamente sobre OpenCL, siendo un punto que favorece directamente a AMD, debido a que tiene kernels como ensambladores para que puedan estar optimizados, porque es un software que ofrece una menor cantidad de acciones inválidas.

Los elementos que forman parte de este software no se consiguen en otra parte, son especiales porque una vez que se detecta algún fallo, la propia tarjeta gráfica se reinicia como una respuesta automatizada, esta cualidad es llamativa porque significa que se puede combinar una tarjeta AMD y NVIDIA sobre un mismo rig de minería, con compatibilidad para Linux y Windows.

- **Softwares para la minería de Ethereum con gráficas AMD**

Lo más optimizado dentro de la minería, es el uso de tarjetas gráficas AMD, debido a que posee gran efectividad sobre Ethereum, los más resaltantes que son usados con frecuencia son los siguientes:

1. **TeamRedMiner**

Una clase de software que ha sido desarrollado para funcionar de forma única con tarjetas AMD, por ese motivo puede ejecutar una optimización especial y es uno de los pioneros en contar con la opción "zombie", esta es una ventaja para usar tarjetas gráficas que sean de 4GB de VRAM.

En este caso el tamaño del DAG alcanza una medida superior, pero se pierde rendimiento al realizar esta clase de acción, el soporte de este software se extiende hasta los algoritmos como Ethash, Kawpow, Octopus, ProgPoW y también sobre Cryptonight, u otras opciones, porque se trata de una alternativa abierta a estas posibilidades.

A su vez se puede llevar a cabo la minería de otra clase de criptomonedas, bajo una asistencia y funcionamiento en Windows y Linux, por ello la descarga se puede realizar desde sitios web oficiales, de este modo completa la lista de los softwares más empleados sobre la minería de Ethereum, como también sobre otras criptomonedas.

En la actualidad es mejor ser especializado con el uso de hardware y software, siempre de la mano con el tipo de criptomoneda elegida, porque las soluciones deben ser específicas hacia lo que buscas o necesitas, lo esencial es que se puedan adaptar a las necesidades y exigencias de esta actividad.

En caso de querer seguir usado tarjetas gráficas AMD que sean de 4GB de VRAM, puede llegar a ser interesante sobre esta actividad de minería, esto siempre juega o tienen relación directa con el logaritmo empleado, existe una gran variedad de logaritmos para elegir, lo importante es ir obteniendo buen rendimiento.

www.ingramcontent.com/pod-product-compliance
Lightning Source LLC
Chambersburg PA
CBHW070116230526
45472CB00004B/1283